Familles d'Aumaillé, de
Cambourg et de la Pau-
melière pendant les guerres
de Vendée

(par M. de V.) Villebresme

Châteaudun, H. Lecesne.
1879, in 12 - 135 pages

(Note de M. Quicherat)

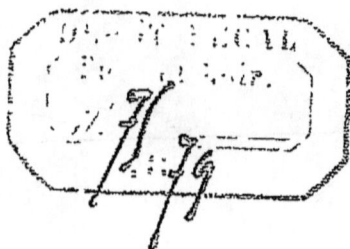

FAMILLES

D'ARMAILLÉ, DE CAMBOURG

ET

DE LA PAUMELIÈRE

PENDANT LES GUERRES DE VENDÉE

FAMILLES

D'ARMAILLÉ, DE CAMBOURG

ET

DE LA PAUMÉLIÈRE

PENDANT LES GUERRES DE VENDÉE

Mementote operum patrum quæ
fecerunt in generationibus suis.

(MACHAB.)

———❦———

CHATEAUDUN

IMPRIMERIE HENRI LECESNE

—

1879

J'ai voulu, dans ces quelques pages, réunir des souvenirs qui bientôt allaient être ensevelis dans l'oubli.

Pendant les guerres de Vendée, les familles d'Armaillé, de la Paumélière et de Cambourg, unies par les liens du sang et de l'amitié, ont compté de nombreuses victimes et ont eu leur large part de souffrances et de misères, souvent partagées en commun.

Leurs vertus, leur courage, leur héroïsme, sont l'héritage d'honneur qu'elles lèguent à leurs enfants, fiers de trouver dans leurs ancêtres le plus sublime exemple du devoir noblement accompli.

M. DE V.

AVANT-PROPOS

Les écrivains républicains se sont plu à soutenir que la noblesse et le clergé avaient seuls été la cause du soulèvement de la Vendée ; que la masse des habitants de ce pays, manquant d'instruction et d'intelligence, était incapable d'apprécier sainement l'état de la société et la prétendue utilité du mouvement révolutionnaire.

L'esprit de parti peut seul avoir inventé d'aussi grossières erreurs : le Vendéen, s'il était peu instruit, avait du moins l'esprit juste et le cœur haut placé ; il était indépendant et fier, et la voix de sa conscience violentée lui montrant le chemin du devoir, pouvait seule lui donner le courage de l'accomplir.

On a si peu d'idées saines en France, sur le véritable patriotisme, qu'en donnant ce titre au valetage révolutionnaire, on le refuse à la seule portion du peuple français qui eut le courage de résister à la tyrannie conventionnelle.

Avant la Révolution, il existait entre la noblesse, le clergé et la population de la Vendée, de continuels et bienveillants rapports. Grâce à la coutume locale des fermes à moitié, le propriétaire se rencontrait journellement avec ses métayers, dont il partageait les intérêts; de là une familiarité, une confiance réciproques que l'on ne trouvait, et que l'on ne trouve encore, que dans cette contrée de la France. D'un autre côté, l'excellent clergé vivant au milieu d'une population profondément religieuse, était appelé à s'associer aux joies et aux chagrins de la ferme et du château; aucun acte de la vie ne s'accomplissait sans le concours de son ministère. Avec de semblables habitudes, les doctrines philosophiques ne devaient avoir aucune prise sur la foi politique et religieuse des Vendéens, et ne pouvaient réussir à troubler leur vie calme, laborieuse et patriarcale.

Il n'est donc pas étonnant qu'ils aient refusé de se soustraire à la bienfaisante tutelle sous laquelle ils vivaient depuis des siècles, pour accepter celle de gens qui ne s'étaient encore fait connaître que par les débordements de leur parole contre le vieil édifice social.

Les révolutionnaires avaient essayé de semer parmi les paysans ce mépris de l'autorité, cet esprit de révolte et d'insubordination que déjà ils étaient parvenus à répandre dans les villes, où leurs funestes enseignements avaient produit de sanglants résultats.

D'après eux, tous les malheurs qui accablaient la France devaient être attribués à la cour, à la noblesse, au clergé, représentés comme les ennemis du peuple.

Ces calomnies trouvèrent les Vendéens incrédules, car, habitués à respecter et à aimer ceux qui, par leur position et leurs bienfaits, exerçaient sur eux une douce influence, et ayant un jugement naturellement droit, ils ne tombèrent pas dans le piège tendu à leur bonne foi.

Ils s'aperçurent bien vite que la guerre

extérieure était provoquée par les excès de
la révolution, foyer de désordre, de démo-
ralisation, véritable fléau que les étrangers
voulaient étouffer et détruire pour ne pas
en être infectés à leur tour. Ils virent que
les nobles avaient accepté le secours de
l'Europe parce qu'ils avaient à se défendre
des révolutionnaires qui, en haine de tout
ce qui était au-dessus d'eux, en voulaient
à leurs biens et à leur vie ; parce que l'on
immolait la Famille Royale ; parce que l'on
violentait les consciences en chassant les
prêtres pour remplacer les cérémonies reli-
gieuses par un ignoble culte.

N'avaient-ils pas, pour conserver ce qu'ils
avaient de plus cher, le droit de combattre
cette tyrannie sanguinaire qui avait dérisoi-
rement pris le nom de liberté !

En Vendée, il y avait donc deux partis

bien tranchés : d'un côté, les républicains, comme toujours, animés d'une implacable haine contre tout ce qu'il y a de grand, d'honnête, de respectable, dont la Convention avait déchaîné et excité les passions, et qui, une fois entrés dans la voie du crime, ne devaient plus s'arrêter. Ces gens, ayant soif de détruire pour s'élever sur des ruines, ne poursuivaient qu'un but : arriver aux honneurs, à la fortune, par tous les moyens, même les plus infâmes.

De l'autre côté, de braves paysans qui ne demandaient ni richesses, ni faveurs ; mais qui, pour leur conscience, étaient prêts à sacrifier leurs biens, leurs familles, leur vie.

Un aussi héroïque dévouement, une pareille abnégation, ne peuvent être compris des révolutionnaires dont l'intérêt est le seul mobile.

Mais l'histoire impartiale rend à chacun ce qu'il mérite d'honneur ou de mépris.

Les esprits ainsi préparés, il ne fallait qu'une étincelle pour soulever la Vendée.

Cette étincelle fut l'appel des 300,000 hommes. Le jour du tirage au sort, à Saint-Florent, alors appelé Montglone[1], les jeunes gens se mutinent. Les membres du district croient les effrayer en employant la mitraille. Plusieurs victimes tombent ; mais, quelques instants après, la municipalité, les gendarmes, les gardes nationaux, sont tués ou dispersés, les papiers brûlés et les canons encloués.

Le lendemain même, Cathelineau s'entoure de vingt-huit braves jeunes gens du Pin-en-Mauges, qui servent de noyau à un

[1] 12 mars 1793.

rassemblement assez fort pour s'emparer de Jallais et de Chemillé. La troupe de Cathelineau compte déjà 5,000 hommes, par suite de l'adjonction de Stofflet et des jeunes gens de Maulévrier. Ils n'hésitent pas à aller attaquer la ville de Cholet, qui se rend après un combat sanglant. Ils y prennent un grand nombre de fusils et des munitions [1].

La première période de la guerre s'était donc écoulée sans la présence d'un seul noble.

Le mouvement étant devenu important, les Vendéens vont trouver leurs seigneurs, qui, presque tous, avaient servi dans les armées de terre ou de mer, et les forcent à marcher à leur tête. Beaucoup résistent longtemps, ne pensant pas que cette insur-

[1] 16 mars 1793.

rection pût être couronnée de succès. Ils se décident cependant, mais avec la conviction de ne jamais revoir leurs foyers. Leur sacrifice fait, ils ne songent plus qu'à venger leur Dieu et leur Roi.

La guerre ne tarde pas à prendre des proportions gigantesques. L'armée républicaine, composée de quatre corps d'armée, tente de pénétrer au centre du pays insurgé, mais elle essuie deux sanglantes défaites à Chemillé et à Coron[1]. Bientôt l'immortel Henri de la Rochejaquelein vient prendre part aux glorieux efforts de l'armée, et dès le début la sauve aux Aubiers, gagne les batailles des Pagannes, de Beaupréau et délivre les Mauges[2].

[1] Avril 1793.
[2] Avril 1793.

Le Haut-Poitou se soulève et met à sa tête Lescure, Marigny et Donnissan.

Le drapeau blanc flotte en vainqueur sur toute la Vendée.

Les Bleus sont battus à Thouars[1], à Fontenay, à Vihiers, à Doué, à Saumur[2].

Le modeste et héroïque Cathelineau est nommé généralissime, s'empare d'Angers[3], mais il est bientôt blessé mortellement à l'attaque de Nantes[4].

De nouvelles armées républicaines menacent la Vendée. La Convention décrète la levée en masse, mais la victoire de Vihiers[5] jette la consternation dans son

[1] Mai 1793.
[2] 10 juin 1793.
[3] 19 juin 1793.
[4] 30 juin 1793.
[5] 18 juillet 1793.

sein ; elle envoie de nouveaux renforts. Les
Vendéens sont battus à Luçon [1] et une
partie du pays est occupée par l'armée de
Mayence ; ils prennent bientôt leur revanche
à Coron [2], au Pont-Barré [3] et à la sanglante
bataille de Torfou [4].

Six nouvelles armées républicaines sont
formées et obtiennent quelques succès,
bientôt effacés par leur désastre à Châ-
tillon ; la défaite de Cholet [5] porte alors le
premier coup à l'armée royaliste, qui se
décide à franchir la Loire.

L'ère des grands succès est passée. Les
Vendéens hors de leur pays, sans convois,

[1] 14 août 1793.
[2] 18 septembre 1793.
[3] 19 septembre 1793.
[4] 19 septembre 1793.
[5] 18 octobre 1793.

sans base d'opération, sans munitions, gagnent encore de mémorables batailles, telles que celles d'Entrames, de Château-Gontier et de Dol[1] ; mais leurs échecs à Angers et au Mans jettent le découragement dans leurs rangs.

Les souffrances essuyées par ces malheureux étaient épouvantables. Sans vêtements, sans chaussures, sans pain, ils traînaient à leur suite une multitude de femmes, d'enfants, de vieillards, qui devaient servir à assouvir la rage sanguinaire des Bleus.

Les fusillades, les noyades, la guillotine, ne pouvaient parvenir à immoler assez rapidement ces pauvres gens sans défense.

Ils essaient enfin de repasser la Loire à

---

[1] 20 novembre 1793.

Ancenis, mais les Bleus ne leur en laissent pas le temps et les poursuivent jusqu'à Savenay [1], où cette héroïque armée, réduite à quelques centaines de combattants, succombe fièrement sous les coups redoublés des armées de Kléber, de Marceau et de Westermann.

Quelques jours après, ce dernier écrivait à la Convention :

« Il n'y a plus de Vendée ; elle est morte sous notre sabre libre avec ses femmes et ses enfants. Je viens de l'enterrer dans les marais et dans les bois de Savenay.

« Suivant les ordres que vous m'aviez donnés, j'ai écrasé les enfants sous les pieds des chevaux, massacré les femmes,

[1] 23 décembre 1793.

qui, au moins pour celles-là, n'enfanteront
plus de brigands.

« Je n'ai pas un prisonnier à me repro-
cher ; j'ai tout exterminé. Les routes sont
semées de brigands. Il y en a tant, que,
sur plusieurs endroits, ils forment pyra-
mide. On fusille sans-cesse à Savenay, car
à chaque instant il arrive des brigands qui
prétendent se rendre prisonniers.

« *Kléber et Marceau ne sont plus là.*

« Nous ne faisons pas de prisonniers ; il
faudrait leur donner le pain de la liberté,
et la pitié n'est pas révolutionnaire. »

La destruction de la grande armée ne
mit pas fin à la guerre. La Rochejaquelein
et Stofflet, rentrés en Vendée et secondés
par Charette, devaient encore voir la victoire suivre leurs étendards.

Mais lorsque ces héros de cent batailles furent tombés tous les trois, la Vendée épuisée accepta, au mois de mars 1796, le régime presque modéré du général Hoche.

Elle ne devait reprendre les armes qu'en 1815 et 1832, pour protester contre l'usurpation. Viennent de nouveaux jours néfastes, et les enfants de tant de héros sauront prouver que le sang vendéen coule encore dans leurs veines!

FAMILLES

DE CAMBOURG ET DE LA PAUMÉLIÈRE

Au centre de cet héroïque pays des Mauges, dont César lui-même ne put dompter la résistance, et qu'il ne conquit jamais, près du Pin, berceau du grand Cathelineau, au milieu de cette contrée pittoresque arrosée du sang de tant de braves, se trouve le château du Lavouër[1], reconstruit peu de temps avant la Révolu-

[1] Propriété appartenant anciennement à la famille de Brissac ; elle passa dans la famille de la Paumélière par suite du mariage d'un membre de cette famille avec une demoiselle de Brissac.

tion et habité à cette époque par la famille de la Paumélière, composée du baron de la Paumélière, de son épouse née de Cambourg, et de leurs enfants : Louis [1], Mélanie [2], Paul [3], Virginie et Rosalie [4].

Le frère de Mme de la Paumélière, M. le comte de Cambourg, habitait à quélques lieues seulement du Lavouër, au château du Marais, près de Thouarcé. Marié depuis peu, il avait à cette époque deux enfants

---

[1] L. de la P. mort en 1844. Garde d'honneur à la fin de l'Empire, décoré de la main de l'Empereur sur le champ de bataille de Rheims. Nommé capitaine au 3ᵉ régiment de la garde royale à la Restauration. Démissionnaire en 1830.

[2] Devenue Mme la comtesse Ambroise d'Armaillé.

[3] Nommé à la Restauration capitaine au 10ᵉ chasseurs, chevalier de Saint-Louis en Espagne, démissionnaire en 1830.

[4] Mortes pendant la guerre.

en bas âge : Auguste, tombé héroïquement pendant le soulèvement de 1815, au combat de Roche-Servière[1], et Pauline, devenue comtesse Hector, dont la mère a laissé, sur les malheurs de sa famille pendant la Révolution, des Mémoires pleins de poignants récits.

Au premier appel des Princes, M. de la Paumélière s'empressa d'aller se ranger sous leurs drapeaux. Mme de la Paumélière resta au Lavouër, où la nouvelle du soulèvement lui parvint.

Mme de Cambourg partit du Marais pour

_____

[1] Au combat de Roche-Servière, MM. de Cambourg et du Reau chargèrent les Bleus avec tant d'ardeur, qu'ils se trouvèrent séparés des leurs. M. du Reau fut tué, mais M. de Cambourg, qui n'était que blessé, fut fait prisonnier et torturé avant de recevoir la mort.

Poitiers avec son mari, sa mère, son beau-
père et sa belle-mère, espérant trouver
dans cette ville plus de calme et de sécu-
rité que sur le théâtre de la guerre. Elle
y rejoignit sa belle-sœur Mme de Menou,
qui venait de perdre son mari.

Bientôt M. de Cambourg émigra[1], laissant sa famille dans les larmes. Sa mère
ne put surmonter sa douleur et mourut
quelques jours après son départ.

Mme de Cambourg quitta alors Poitiers
avec son beau-père et ses enfants, et s'établit à Angers chez sa mère. Elle retrouva
dans cette ville Mme de la Paumélière, et
tous ensemble y vécurent tranquilles jusqu'à
la fin de l'été.

---

[1] . . . . . 1792. M. de Cambourg est mort âgé
de près de 101 ans.

A cette époque, les alliés entrèrent en France; Mme de Menou rappela sa famille à Poitiers. Ce voyage fut une longue suite de fatigues et de dangers. Tous se mirent en route sur des chevaux portant des bâts, où se placèrent Mme de Cambourg, Mme de la Paumélière, leurs enfants et trois bonnes. Trois paysans à pied servaient de guides. Enfin, M. de Cambourg et M. l'abbé Soyer suivaient sur des chevaux de meuniers.

En passant à Vihiers et à Passavant, ils furent insultés. On voulut même les arrêter; mais M. l'abbé Soyer, qui était déguisé, montra les passeports et par son sang-froid obtint l'autorisation de continuer la route.

A Thouars, la municipalité crut nécessaire au salut de la patrie, de fouiller jusqu'aux langes des enfants.

A Saint-Jean, une bande de forcenés faillit les massacrer; la présence d'esprit du maire de ce village les sauva.

Arrivés à Poitiers, les difficultés furent très grandes pour se procurer un logement, l'administration ayant interdit de recevoir des étrangers. Ils n'en trouvèrent qu'après avoir parcouru la ville une partie de la nuit, demandant un abri pour leurs pauvres enfants.

Peu de temps après, ils rentrèrent à Angers, où le calme semblait devoir se rétablir après la retraite des alliés. Puis Mme de Cambourg alla s'établir aux environs de Cholet, dans une petite propriété cachée au milieu des bois. De ce refuge, elle entendait le canon tonner presque tous les jours; c'était l'époque des prodigieux succès des Vendéens. Mais, hélas!

le moment fatal arriva. Les Bleus, battus le premier jour, rentrèrent à Cholet pendant la nuit, et, trouvant les Vendéens endormis et épuisés de fatigues, les mirent en déroute après en avoir fait un horrible carnage.

Madame de Cambourg, qui croyait la bataille gagnée, dormait paisiblement, lorsque des fuyards lui apprirent la terrible nouvelle. Il fallait partir. La position était critique : la bonne de ses enfants, la fidèle Gabrielle, avait la petite vérole, et il n'y avait pas un seul homme pour lui venir en aide. Enfin, deux femmes parvinrent à placer sur un cheval un bât et des paniers. On y mit les enfants avec leur bonne, et cette petite troupe, conduite par Mme de Cambourg à pied, arriva au Caseau, habité par M. et Mme de Villeneuve ; elle s'y reposa quelques instants et alla à Jallais demander l'hospitalité à M. Cesbron.

Le lendemain matin, de très bonne heure, Mme de Cambourg se remit en route pour le Lavouër.

Son beau-père et Mme de la Paumélière l'y attendaient afin de suivre tous ensemble l'armée.

Un vieux fermier prépara une charrette et des bœufs pour les conduire à Saint-Florent; mais, en traversant Neuvy [1], ils

---

[1] Le bourg de Neuvy fut occupé un soir par une colonne républicaine qui avait l'ordre de détruire toutes les maisons et de fusiller toute la population, ainsi qu'il venait d'être fait à la Jumellière. M. Launay Goutard, prévenu, fit d'actives démarches et obtint que l'ordre ne fût pas exécuté.

Quelques jours avant, le maire, M. Daviau, avait été arrêté sans motifs et fusillé sans jugement au Champ-des-Martyrs d'Angers.

apprirent que, Botz étant au pouvoir des Bleus, la route était coupée.

Ne sachant quel parti prendre, ils tinrent conseil pour décider s'il fallait rester dans le pays ou rejoindre à tout prix l'armée.

Pour couper court aux hésitations, un brave soldat qui se trouvait avec eux leur dit : « Le sort va en décider, que Dieu le dirige ! Ma cocarde blanche nous indiquera la direction que nous devrons suivre. » En même temps, posant son chapeau sur la pointe de sa baïonnette, il lui imprima un mouvement de rotation. La cocarde s'arrêta du côté du midi, c'est-à-dire du centre de la Vendée.

Cet incident, insignifiant en apparence, fut leur salut. Ils évitèrent ainsi les misères et les dangers de la *tournée de galerne,* auxquels si peu de personnes ont pu échapper.

Changeant alors de direction, ils allèrent demander asile à Mme de Russon, qui habitait une propriété près de Rochefort.

A Saint-Aubin, le pont était détruit; il fallut passer la rivière sur des échelles, ce qui, heureusement, se fit sans accident.

A leur arrivée chez Mme de Russon, ils étaient épuisés de fatigue. M. de Cambourg, malgré ses soixante-dix ans, les quitta pour aller rejoindre la grande armée. Sa famille essaya de le retenir, mais il répondit : « qu'après avoir servi trente-cinq ans son Roi et sa Patrie, il voulait vaincre ou mourir avec les braves qui soutenaient la Religion et l'Honneur. » Quelques jours après, il tombait au premier rang sous une balle ennemie !

Le surlendemain de ce départ, à dix heures du soir, on prévint ces dames que

les Bleus venaient les arrêter. La nuit était
très sombre. Obligées de partir à la hâte, il
fallut réveiller les enfants et se mettre en
route pour le Lavouër.

Mme de Cambourg avait sa fille sur son
dos, son fils était dans les bras de sa bonne.
Mme de la Paumélière et la dévouée Nanon
portaient chacune un enfant. Les autres
suivaient cramponnés à leurs jupes.

A peu de distance de cette habitation,
n'osant cependant aller y demeurer, elles
s'arrêtèrent dans une métairie où la bonne
fermière leur offrit ses vêtements et les
cacha dans plusieurs endroits.

Mme de la Paumélière mit ses deux plus
jeunes enfants chez de braves gens dont
les noms ne nous sont pas parvenus.

La mère de Mme de Cambourg se réfugia
chez la veuve Rambault, qui avait déjà

recueilli M. Soyer l'aîné, grièvement blessé.

Mme de Cambourg et ses enfants, ainsi que Mme de la Paumélière, trouvèrent un asile dans une pauvre maison éloignée de tout chemin, appelée la Rehorais. Une brave sage-femme de Sainte-Christine, apprenant leur triste position, vint les voir et voulut emmener chez elle Mme de Cambourg. Quant à Mme de la Paumélière, trop connue dans cet endroit pour pouvoir y rester, elle s'engagea à la mettre à l'abri dans une métairie voisine.

Mme de Cambourg, craignant de la compromettre, ne crut pas devoir accepter son offre.

Deux jours après, la pauvre sage-femme fut dénoncée, arrêtée et exécutée à Angers.

Après un mois passé dans ce triste séjour, Mme de la Paumélière décida sa

belle-sœur à se rendre à la ferme de la
Planche, située près du Lavouër.

Les excellents fermiers les cachaient le
jour dans les genêts, et la nuit leur don-
naient l'hospitalité dans la maison.

Un matin, elles en sortirent trop tard.
Les gardes nationaux de Chalonnes et un
détachement de troupes régulières, fouillant
le Lavouër et ses environs, les virent entrer
dans les genêts et tirèrent sur elles plusieurs coups de fusil, heureusement sans
les blesser.

Ils les arrêtèrent et les emmenèrent tous
prisonniers au Lavouër, les poussant devant
leurs chevaux. Mme de la Paumélière portait sur son dos deux de ses enfants ; les
bonnes Nanon, Angélique et Victoire con-
duisaient les autres.

En arrivant au château, elles virent les

effets, qui avaient été trouvés dans une *cache,* étendus pêle-mêle.

Les Bleus, offrant aux enfants leurs anciens habits de fêtes, espéraient qu'ils allaient se trahir. Pas un seul de ces petits infortunés ne se laissa prendre au piège.

Furieux de ne pouvoir les faire parler, ils voulurent les massacrer.

Cela se passait près du massif d'ormes qui existe encore à quelques pas du château.

C'est alors que le petit Louis de la Paumélière, ravissant enfant aux longs cheveux blonds bouclés, se jeta à genoux aux pieds d'un officier de hussards, en demandant la grâce de ses parents.

L'officier, ému à la vue de cet enfant, l'enleva sur son cheval et le porta à un général qui galopait dans les avenues.

« Aurais-tu, lui dit-il, le courage de tuer la mère de cet enfant? »

Le général, ému [1], revenant près de Mme de la Paumélière, lui dit :

« Sauve-toi, il m'en arrivera ce qui pourra, mais, à cause de ton fils, je te fais grâce de la vie . »

---

[1] Longtemps après, sous l'Empire, Mme de Cambourg aperçut, dans une rue de Paris, ce général, dont elle ignorait le nom. Elle fit immédiatement arrêter ses chevaux et s'élança à la suite de son sauveur. Mais, pendant qu'elle descendait de voiture, il avait disparu; elle ne put le retrouver pour lui exprimer de nouveau toute sa reconnaissance.

[2] Quelques jours après, 400 gardes nationaux de Chalonnes, aussi lâches que cruels et pillards, vinrent mettre le feu au Lavouër. En passant à Neuvy, ils commirent mille horreurs. La population valide du pays marcha contre eux après s'être réunie à quelques blessés de la grande armée, réfugiés dans les bois des Fossés-Hérault, les atteignit à Groutteau, les cerna et les tua jusqu'au der-

Après cette terrible scène, il fallut trouver un refuge ; mais, les maisons leur étaient fermées, les Bleus punissant de mort ceux qui recevaient les fugitifs.

A la ferme de la Courandière, les métayers voulurent bien prendre chez eux le fils de Mme de Cambourg et sa bonne.

Pendant huit jours, ces dames durent rester sous la pluie, cachées dans les champs.

Enfin, un soir, elles se rendirent à la ferme de la Barre-Grimaud : la pluie tombait à torrents, les pauvres enfants mouraient de faim et de froid, personne ne voulait les recevoir, lorsqu'une bonne et sainte fille de la Poitevinière, qui servait

nier. Ces 400 cadavres sont enfouis près de la croix appelée Croix-de-Groutteau.

de garde-malade à la fille du fermier, obtint la permission de les faire entrer. Elles purent enfin se sécher, se chauffer et manger un reste de soupe.

Au milieu de la nuit, la malade succomba dans leurs bras.

Le lendemain matin, de bonne heure, elles retournèrent dans les genêts, emportant seulement un peu de feu dans une chaufferette de terre.

La pluie tombait toujours.

Vers le soir, Mme de Cambourg se mit à la recherche d'une maison.

Ayant aperçu la demeure d'un meunier sur le bord de la rivière de Jallais, elle retourna chercher sa belle-sœur, et ensemble elles allèrent frapper à la porte.

La meunière vint leur ouvrir et leur dit :

« Je vois bien qui vous êtes. Le bon Dieu vous amène ici, et vous pourriez y rester si nous n'étions obligés, à cause de notre métier, de voir souvent du monde. Mais, chauffez-vous toujours pendant que je vous préparerai à manger, puis j'irai vous chercher un asile. »

Elle sortit et revint bientôt après les prendre pour les conduire à la métairie du Chêne-Percé. Le métayer les reçut en leur disant :

« Comment refuser un abri à des personnes semblables et qui se trouvent en pareille peine? Le bon Dieu me refuserait la porte du Paradis à mon dernier jour. »

Mme de Cambourg, s'apercevant alors de l'état de grossesse avancé de sa femme, lui dit qu'elle n'osait, voyant sa position, accepter son hospitalité, mais l'excellente femme lui répondit :

« Il ne m'arrivera pas de malheur ; je n'ai pas peur, et je crois que vous amènerez la bénédiction du bon Dieu dans la maison et dans toute la famille. »

Il y avait deux mois qu'elles vivaient dans cette demeure charitable, le jour se cachant au dehors, la nuit retournant à la ferme pour y prendre un peu de nourriture et de repos, lorsque l'ordre fut donné à l'armée républicaine de brûler toutes les habitations, de tuer les femmes et les enfants et de ne pas laisser un être vivant.

Les genêts servirent alors de refuge à toute la population de la Vendée.

Un jour, le champ où étaient Mmes de Cambourg, de la Paumélière, et les métayers qui les avaient reçues, fut cerné par les Républicains.

Tous se crurent à leur dernière heure.

Mme de Cambourg tenait dans ses bras sa petite fille, qui joignait les mains et priait le Ciel d'avoir pitié de sa pauvre mère.

Les Bleus, apercevant au loin des fugitifs, se mirent heureusement à leur poursuite et ne revinrent pas.

Vers le soir, le ciel fut embrasé par la lueur des incendies.

Les pauvres fermiers se tournèrent vers Mme de Cambourg en disant :

« Dieu nous a pris tout notre bien, nous n'avons même plus d'abri!... »

Mais, le lendemain, quelle ne fut pas leur joie en s'apercevant que leur maison hospitalière était seule debout et intacte au milieu des ruines!

Mmes de Cambourg et de la Paumélière
restèrent dans cet endroit, si miraculeu-
sement préservé, jusqu'à la fin de la
Terreur.

Pendant que Mme de la Paumélière était
cachée à la Rehorais, elle avait confié ses
deux enfants jumeaux, Paul et Virginie, à
leur excellente bonne Nanon Reuillé.

Cette dernière, fuyant un jour devant les
Bleus avec les deux enfants, était sur le
point d'être prise et massacrée près de la
Guigneraie.

Sans hésiter, elle les lança par dessus
un buisson et prit la fuite d'un autre côté
pour attirer les Républicains.

Elle put heureusement leur échapper
et venir plus tard reprendre les enfants.

Virginie mourut de misère peu de temps
après.

Paul resta avec Nanon, qui courut encore de grands dangers.

Un jour, suivant le sentier d'un champ de genêts, elle se trouva face à face avec un Bleu, qui voulut la tuer. Elle s'enfuit en lui jetant un paquet d'assignats, que le vent dispersa de tous côtés.

Le soldat perdit du temps à les ramasser, puis, en vociférant, se mit à la recherche de Nanon, qui s'était cachée dans le fourré.

Le petit Paul disait, pendant ce temps, à sa bonne :

« Tu ne l'entends donc pas qui t'appelle ? Réponds-lui donc. »

Et la bonne lui mettait la main sur la bouche pour étouffer sa voix.

Le Bleu aperçut une malheureuse femme cachée dans le même champ, et, croyant que c'était celle qu'il poursuivait, il la tua et continua sa route.

Mélanie passa trois ans de suite à la Planche, ferme du Lavouër, habitée par de fidèles métayers nommés Béduneau, les servant comme si elle eût été leur fille, et gardant les moutons.

C'est là qu'à l'âge de huit ou neuf ans, elle fut atteinte de la petite vérole, terrible maladie qui sévissait avec fureur en Vendée pendant la guerre.

La bonne fermière, au cœur généreux et dévoué, la coucha dans un de ces grands lits à quenouilles, encore en usage dans la Vendée, et l'enveloppa dans une vieille *mante* pour la garantir du froid.

A cette époque, les colonnes infernales parcouraient le pays, signalant leur passage par le meurtre et l'incendie.

3.

Un matin, un détachement, conduit par un patriote de Chalonnes, arriva à la Planche, et fit une perquisition dans la ferme.

Un des Bleus, le sabre à la main, s'approcha du lit où reposait Mélanie et ouvrit brusquement les rideaux ; la prenant pour une vieille femme, à cause du capuchon dont elle était couverte, il voulut la tuer, obéissant ainsi à l'ordre de la Convention, de massacrer jusqu'aux vieillards.

Déjà son arme était levée, lorsque la femme Béduneau lui arrêta le bras en s'écriant :

« Que fais-tu? C'est ma fille que tu vas tuer !

— Ta fille? reprit le patriote de Chalonnes, tu n'as que quatre enfants, et les voilà ! »

Se retournant vers le chef du détachement, la courageuse femme lui dit :

« C'est grande pitié de voir cet homme
voler votre argent ; vous le payez pour
vous conduire et vous renseigner, et il ne
connaît même pas le nombre de mes
enfants.

« Regardez ma fille, et attrapez sa maladie si vous voulez. »

A l'aspect hideux de l'enfant, les bandits
effrayés s'enfuirent.

Mélanie, grâce aux soins de la fermière,
recouvra la santé.

La petite vérole ne laissa aucune trace ;
elle devint une des femmes les plus jolies,
les plus gracieuses et les plus séduisantes
de son temps.

Pendant un des séjours que Mmes de
Cambourg et de la Paumélière firent au

Lavouër[1], on vint leur dire que les Bleus arrivaient.

C'était le matin de très bonne heure. Il fallut réveiller les enfants et les emporter presque nus vers le moulin à eau des Briffières. La petite rivière du Jeu, qu'on devait traverser, était débordée.

Heureusement, de l'autre côté, Véron, un des plus braves chasseurs de Stofflet, qui était venu se reposer dans sa famille, faisait boire son cheval en cet endroit. Il passa l'eau, et, prenant les enfants dans ses bras, les mit en sûreté sur l'autre

---

[1] Le quartier général de Stofflet fut plusieurs fois fixé au Lavouër. Le célèbre abbé Bernier, curé de Saint-Laud, y séjourna aussi à différentes reprises. On a retrouvé et conservé dans ce château le cachet de Stofflet et le saint ciboire qui servit à l'abbé Bernier pendant la guerre.

rive. Puis il revint encore pour faire traverser la rivière à ces dames, qui, cramponnées à la crinière du cheval, avaient de l'eau jusqu'au cou.

Pendant qu'elles gravissaient le coteau, les Bleus les aperçurent et firent feu sur le groupe ; mais un détour du chemin les préserva des balles.

Pour arrêter l'ennemi, Véron se mit à crier le terrible *Rembarre !* et les Bleus, croyant avoir affaire à une troupe nombreuse, ne les poursuivirent pas.

Elles allèrent, avec leurs enfants, se cacher dans un champ d'ajoncs, près du Pineau, et passèrent la journée en proie aux plus atroces souffrances de la faim et du froid, n'osant faire du feu pour sécher leurs vêtements, craignant que la fumée ne trahît leur présence.

Le soir, elles demandèrent l'hospitalité aux Charpenteraies. Après avoir essuyé plusieurs refus, une vieille femme, par pitié, consentit à les recevoir, et leur donna de quoi changer et soigner les pauvres enfants, qui étaient tout ensanglantés.

La petite Mélanie avait la jambe gauche presque entièrement dépouillée ; sa bonne lui enleva d'un seul pied trente-deux épines.

Le lendemain, les Bleus arrivaient.

Tout le monde alla se cacher, à l'exception de quelques infirmes, à qui les Républicains persuadèrent de faire rentrer leurs parents et leurs amis, promettant de ne leur faire aucun mal.

Quelques-uns eurent la faiblesse de les croire ; mais, dès le lendemain, les Bleus, avant de quitter le village, forcèrent tous les habitants à danser en rond dans l'aire, et chaque fois qu'un malheureux passait près de la barrière derrière laquelle ils se tenaient, ils le perçaient à coups de baïonnettes.

Tous furent tués et les maisons brûlées.

Mme de la Paumélière était revenue depuis quelque temps au Lavouër, lorsque l'approche des Bleus la força de le quitter de nouveau et de s'enfuir avec les enfants vers la ferme de la Grenonnière.

Le brouillard était épais et ne lui permit pas d'éviter un soldat, qui voulut la massacrer. Elle cacha ses enfants derrière elle et recommanda son âme à Dieu.

Trois fois le soldat la mit en joue, et trois fois le fusil rata. Il lui dit alors :

« Tu l'as échappé trop belle, va te faire tuer ailleurs. »

M. de la Paumélière, partant pour l'émi-

gration, avait coupé en deux son anneau
de mariage, laissant une moitié à sa femme
et conservant l'autre, afin de la lui faire
parvenir lorsqu'il voudrait en secret lui
annoncer son retour.

Un soir, Mme de la Paumélière, se trouvant au Lavouër, reçut cette moitié de
l'anneau.

Quelques instants après, son mari arriva[1],
embrassa sa femme, sa sœur, puis ses
enfants, que l'on avait envoyé chercher
dans la ferme où ils étaient cachés, et alla
se réfugier à la Guigneraie.

Quelques jours après, pendant qu'il atten-
dait un moment favorable pour rejoindre
l'armée vendéenne, un meunier qui lui
devait de l'argent le dénonça.

[1] 1796.

Arrêté près de la Saulaie, il fut conduit à la Jumellière, puis au château du Pineau, d'où il écrivit à sa femme pour lui apprendre cette fatale nouvelle et la prier de venir lui dire un dernier adieu.

Malgré son empressement, elle arriva trop tard !

Angélique, fille de basse-cour, put seule rejoindre son maître et le suivre dans sa longue agonie [1].

[1] Quelque temps auparavant, Mme de la Paumélière, à bout de ressources, dit à ses domestiques qu'elle ne pouvait les conserver près d'elle, n'ayant plus de quoi les payer et les nourrir. Mais, pas un de ces braves gens ne voulut l'abandonner. « Jamais nous ne vous quitterons, dirent-ils, nous avons des bras et nous vous nourrirons. » Les noms de ces dévoués serviteurs méritent un souvenir éternel. Le jardinier Vigneaux et son aide Rethoré gardèrent le Lavouër pendant toute la guerre avec la cuisinière Victoire. Ils y éteignirent

Du Pineau, il avait été dirigé sur Chalonnes et embarqué sur le bateau d'un
sieur Cordon, en face l'église Sainte-
Maurille.

Angélique, qui ne l'avait pas perdu de
vue, parvint à l'approcher. Il lui dit :

« Si vous pouvez trouver 25 louis, je
suis sauvé. Mes gardiens, qui sont des
Allemands, m'ont promis de me laisser
échapper pour cette somme. »

La pauvre fille courut tout le pays pendant vingt-quatre heures, mais ne put
réunir que 15 louis !

Arrivé à Angers, M. de la Paumélière

---

trois fois l'incendie, que les soldats de Thureau et
les gardes nationaux y avaient allumé. Nanon
Reuillé ne quitta jamais Mme de la Paumélière
pendant toute la guerre. Nous avons vu déjà qu'elle
sauva les petits Paul et Virginie.

fut enfermé au château, où il trouva l'abbé
Grellier, son protégé, devenu plus tard
curé de Saint-Laurent-de-la-Plaine.

« Mon cher abbé, lui dit-il, si vous
recouvrez la liberté, vous irez trouver ma
pauvre femme et vous lui direz que je
meurs ayant dans le cœur toute ma tendresse pour elle et pour mes enfants. Vous
lui direz encore que je meurs en bon
chrétien et en Vendéen. »

Puis il lui remit un louis de 12 francs,
sa montre et une mèche de cheveux.

Ces derniers souvenirs purent parvenir
à sa femme et sont encore conservés pieu-
sement par sa famille.

Traduit devant un Conseil de guerre, le
président lui dit à voix basse :

« Nous sommes fatigués d'envoyer à la
mort tant de braves gens. Dites que vous

n'avez pas émigré, et nous vous acquitterons. »

Mais M. de la Paumélière préféra mourir que de conserver la vie par un mensonge.

Angélique, qui l'avait suivi dans un autre bateau, se trouva encore à son exécution qui eut lieu sur le Champ-de-Mars d'Angers, le long du mur actuel de la Banque, comme en fait foi la pièce suivante, récemment découverte :

« *Au citoyen Gilet.*

« Le vendredy 19 février 1796, M. Louis-Mabille de la Paumélière a été conduit à Angers. Il avait été pris dans sa maison du Lavoir, près de Neuvi. Après un jugement du Conseil militaire, il a été condamné à mort, commme convaincu d'émigration.

« La sentence a été exécutée sur le
Champ-de-Mars, le lundi 22 février, sur
les huit heures du matin.

« Avant de mourir, il a donné 45 livres
en argent qu'il avait, à ceux qui étaient
chargés de le fusiller, en disant qu'il leur
pardonnait. »

Et sur la même pièce :

« M. Stofflet a été arrêté le mercredy
24 février, dans la ferme de la Saugre-
nière, près de Jallais près Beaupréau, et
conduit à Angers même jour. Il est entré
en ville vers cinq heures du soir.

« Une foule immense de peuple était sur
son passage et criait : *Vive la République!*
en poussant des hurlements et des cris de
mort. Il était acccompagné de quatre de

ses gens. Deux étaient Allemands et simples fusiliers. Il y avait un jeune homme de quatorze ans.

« Ils ont tous été jugés dans la nuit et condamnés à mort, à l'exception du jeune homme, qui a été, à cause de son bas âge, condamné seulement à la prison jusqu'à la paix.

« On en a mis un autre à sa place, qui a été fusillé avec Stofflet et ses trois gens dans le Champ-de-Mars, sur les neuf heures, le jeudi même jour de leur jugement, en présence de toute la populace de la ville et de la garde nationale.

« Ils ont montré beaucoup de courage.

« Ils se sont recommandés aux prières des personnes qui les entouraient, en se félicitant de mourir pour leur Dieu et leur Roy. »

La courageuse fille entendit M. de la
Paumélière dire à un soldat du peloton
d'exécution :

« Es-tu père de famille ?

— Qu'est-ce que cela te f...? lui répondit le misérable.

— Hé bien, tu dois aimer tes enfants,
reprend M. de la Paumélière. Voilà tout
ce que je possède d'argent, donne-le leur
de ma part, et frappe droit au cœur ! »

A ce moment, la foule repoussa Angélique, qui entendit le feu de peloton, mais
ne put s'assurer si son pauvre maître res-
pirait encore.

Il fut transporté et inhumé aux Champs-
des-Bonshommes, appelés depuis Champs-
des-Martyrs.

Les sœurs de M. de la Paumélière, qui
étaient cachées à Angers, de l'autre côté

des ponts, chez la femme Goudé, buraliste, désiraient voir une dernière fois leur malheureux frère.

En apercevant le funèbre cortège, elles éprouvèrent un tel saisissement, que leur santé en fut altérée pour toujours.

La famille a conservé les lettres suivantes, que M. de la Paumélière adressa à sa femme après son arrestation.

PREMIÈRE LETTRE

« La Jumellière, 26 pluviôse, an IVe.

« Le sort ennemi vient enfin d'accomplir sur mon trop malheureux individu les pressentiments que j'éprouvais depuis longtemps. J'ignore encore quel sera mon sort,

auquel bien des êtres sensibles compa-
tissent sans pouvoir y remédier.

« Tu pleures en ce moment, ô mon
amie, que ne puis-je encore essuyer tes
larmes? Cette jouissance me sera sans
doute refusée.

« Hé bien, bénissons l'Être suprême et
ne murmurons plus contre sa volonté.

- « Je fais à ma Patrie un sacrifice bien
pénible par tant de motifs.

« Je te laisse mes enfants : rappelle-
leur quelquefois leur infortuné père ! Que,
quelles que soient leurs destinées à venir,
ils ne cessent de bénir en toute occasion la
main de Dieu qui les conduira.

« Tout espoir ne m'est point encore ravi.
Je ferai pour mon salut tout ce qui me
sera permis de faire et tout ce que l'honneur me permettra.

« Adieu, femme infortunée, je t'embrasse et t'aime toujours.

« Embrasse tous nos amis. Dis-leur que, si je meurs, je mourrai avec la fermeté qui me convient.

« Adieu !

« Ton malheureux époux,

« Mabille DE LA PAUMÉLIÈRE.

« P.-S. — On me mène au Pineau. Je te ferai connaître mon sort quel qu'il soit. »

DEUXIÈME LETTRE

« Il est décidé, ma chère et malheureuse amie, que je dois partir pour Angers, où mon procès doit être instruit.

« J'ai obtenu du général Spital, commandant au Pineau, de surseoir à mon départ jusqu'à ce que je t'aie vue; arrive donc promptement, je te fais passer un passeport.

« Je crois que tu peux hasarder cette démarche. Je n'ai jusqu'ici éprouvé que des égards.

« Je manque de tout, mon argent m'a été pris; je suis sans linge, mais non sans peines.

« Il faut avoir mes papiers de Poitiers et faire promptement partir pour Paris, où l'on peut trouver des amis. Où prendrons-nous de l'argent? Il faudra aussi aller à Lyon.

« Emmène avec toi qui tu voudras, tu auras des passeports du commandant.

« Pardonne, chère amie, si je te demande ces petits services de l'amitié que tu m'as toujours témoignée.

« Tout à toi pour la vie.

« *Ton ami malheureux.*

« Au Pineau, ce 27 pluviôse, an IVe. »

TROISIÈME LETTRE

« Au Pineau, le 27 pluviôse.

« C'est la troisième fois que je t'écris, ma chère et tendre amie ; on te cache sans doute ma triste et pénible aventure. Si tu reçois celle-ci, qu'elle t'apprenne que peut-être on perd tout en te cachant ma situation, que tu allégerais peut-être [1].

---

[1] Les lettres ne parvinrent à Mme de la Paumélière que plusieurs jours après.

« Je pense que c'est toujours pour le mieux que l'on t'inspire ; mais, ma tendre amie, au nom de notre amitié, ne m'oublie pas et rends-toi à mon invitation.

« J'ai fait prolonger mon séjour, mais, hélas ! pourrais-je espérer de te revoir, si tu ne profites pas du temps qui te reste.

« Viens de suite, si tu veux te rendre à Angers avec moi, où nous préparerons nos moyens de défense , s'il en est.

« Adieu, chère et tendre amie, bon voyage et courage !

« Pour la vie, ton fidèle ami,

« Mabille DE LA PAUMÉLIÈRE. »

———————

QUATRIÈME LETTRE

« Des prisons d'Angers, 30 pluviôse.

« J'y suis arrivé, ma chère amie, aujour-
d'hui, sur les dix heures, après avoir été
mené de Caïphe chez Pilate.

« On m'a montré toute l'horreur de ma
situation, peut-être pour m'épouvanter.

« J'ai déployé la fermeté que j'aurais cru
m'être étrangère.

« Les chasseurs déserteurs me nuiront
beaucoup. Heureusement je n'ai eu aucun
titre ni grade, et n'ai signé rien qui puisse
me compromettre.

« Aussitôt mon arrestation près la Saulaie et la Poitralière, où demeure le commissaire Froger, j'ai déclaré que notre

intention, celle de Cesbron et la mienne, étaient de nous rendre aux vues du Gouvernement; que nous y portions nos armes et le peu de munitions que nous possédions; que l'absence du commissaire m'avait porté, pour l'attendre, à la Saulaie, où nous avions dîné.

« Ils sont venus faire cette déclaration au Pineau, où j'avais espéré trouver un peu d'humanité, mais vainement. Un déserteur ayant dit que je commandais au Lavouër une escorte de quinze chasseurs... donc j'étais un chef. On ne me faisait guère d'honneur.

« Cet article ne m'épouvante guère; la vérité que j'annonce me garantirait un succès complet sans la prévention.

« Je présume que Cesbron, que j'ai nommé peut-être heureusement pour lui,

aura remis son fusil au commissaire ; qu'il
en prenne acte et l'envoie au général
Spital ; qu'il rappelle l'époque où j'ai été
arrêté et qu'il certifie nos intentions.

« Que les commissaires de Neuvi fassent
devant un notaire de Chalonnes leur déclaration de ce qu'ils savent et qu'ils certi-
fient qu'à leur retour du quartier général
ils avaient su de leurs femmes que nous
nous étions présentés pour déposer nos
armes et nos munitions ; qu'en les atten-
dant, nous étions, d'après notre dire, allés
dîner à la Saulaie, chez un de mes métayers.

« La paroisse pourra de plus certifier
que j'ai toujours parlé pour le plus grand
bien : une paix stable et durable.

« Arrivé de Lyon le 24 décembre dernier, j'ai déclaré avoir eu le dessein de t'y

conduire avec tes enfants, où j'espérais être plus tranquille d'ici à quelque temps ; que les circonstances avaient arrêté notre départ, très peu disposé par la rareté de fonds, le pays étant dévasté ; qu'enfin j'avais pris le parti d'attendre le moment favorable. Ainsi, sois ferme et stable là-dessus.

« Aie le courage qui nous convient ; ta sensibilité m'épouvante ; la mienne est à une rude épreuve, mais je songe à l'avenir et il faut garder sa tête fortement menacée par l'orage.

« Il faudrait des fonds pour envoyer à Lyon une personne sûre pour y faire les preuves nécessaires.

« Je suis au secret ; on lit les lettres, c'est une dure inquisition ; encore sommes-nous plus fins qu'eux, *la pluie de Danaé...*

« Écris à Mélanie par des exprès prudents et point suspects.

« Adieu, tendre amie, je t'embrasse.

« Je ferai demander pour toi un passeport et pour celles qui voudront voyager. »

CINQUIÈME LETTRE

« C'est dans ce jour, ô mon amie, que je vais rendre compte à l'Éternel d'une carrière passée en grande partie dans les peines et les chagrins.

« Prends courage, épouse infortunée, réserve le temps qui te reste à vivre pour l'éducation de nos enfants, dignes sans doute d'un meilleur sort.

« Quelle que soit la destinée qui les attend, qu'ils se rappellent leur infortuné père mourant du supplice des infâmes; et comment.....

« Dis-leur que je pardonne à tous mes ennemis, et qu'ils doivent suivre mon exemple, s'ils sont destinés à parvenir à un âge plus avancé.

« Dis-leur que je les aime, et que si quelque chose me peine en mes derniers moments, c'est l'incertitude de leur sort.

« Être suprême! je vous les recommande!

« Et toi, malheureuse, quelle est ta cruelle position!

« Ame sensible et honnête, sèche tes larmes et prends le caractère qui nous convient.

« Adieu, je t'embrasse et te dis mon dernier adieu !

« Ton infortuné ami et époux,

« Mabille DE LA PAUMÉLIÈRE.

« Ce . . . . ventôse, an IV. »

Il est des familles dont le dévouement semble croître en raison même du sang qu'elles prodiguent, et 1832 comme 1815 devaient retrouver en armes Louis et Paul de la Paumélière, au premier appel de la duchesse de Berry[1].

Le fatal contre-ordre donné la veille du soulèvement de 1832 ne parvint pas à MM. de la Paumélière, qui étaient déjà en

[1] Cte de Quatrebarbes.

marche, à la tête de cinq cents hommes, pour attaquer Montjean.

Leur tentative isolée ne pouvait réussir. Les gardes nationaux des environs, prévenus par des espions, occupaient le bourg.

Malgré leur petit nombre, les Vendéens s'acharnent à enlever la position.

Un Bleu, tenant en joue M. Paul de la Paumélière, allait le tuer, lorsque son garde, le brave Thibaudeau, se jette devant lui et reçoit la balle destinée à son maître.

Ce fidèle et héroïque serviteur est mort seulement en 1878.

La veille de sa mort, il entend une conversation et croit comprendre que le Roi est sur le point de rentrer en France.

Se soulevant sur son lit de douleur, il demande avec instance un cheval, assurant qu'il avait encore assez de forces pour mourir pour son Roi.

Quelques jours après le combat de Montjean, MM. de Civrac, Moricet, et de Cathelineau, ce dernier, fils du Saint de la Vendée et ancien porte-drapeau du 3e régiment de la garde royale, se trouvaient cachés dans la ferme de la Chaperonnière, habitée par le métayer Guinehut, sa femme et ses enfants.

Une compagnie du 29e de ligne, commandée par le sieur Rénier, arrive et déclare que les Chouans qui leur ont été dénoncés doivent leur être remis.

Le brave Guinehut refuse d'indiquer l'endroit où sont ses hôtes.

Rénier donne l'ordre de le fusiller.

Guinehut reste impassible.....

Au moment où il va tomber victime de son dévouement, M. de Cathelineau soulève la trappe de sa cachette en déclarant qu'ils se rendent.

A sa vue, Rénier ordonne à ses hommes de tirer sur lui.

Pas un n'obéit.

Il s'empare alors du fusil d'un de ses soldats et assassine le malheureux Cathelineau, qui, en tombant, couvre ses deux amis de son sang..

Le misérable Rénier, décoré pour ce fait par Louis-Philippe, ne tarda pas à expier son crime, car on assure qu'il fut tué en duel par un ancien officier de la garde royale.

L'héroïque Guinehut, arrêté, ainsi que MM. de Civrac et Moricet, fut jugé à

Orléans et acquitté. Son séjour dans cette
ville ne fut qu'un long triomphe.

De retour en Anjou, retiré dans sa métairie, il venait souvent voir les habitants de la Morosière et du Lavouër, et
là, comme dans tous les châteaux où il
allait, la place d'honneur lui était toujours
réservée.

Il est mort en 1868, entouré de l'estime
et de l'admiration générales.

MM. de la Paumélière, condamnés à
mort après les événements de 1832, s'ex-
patrièrent à Genève.

Après quelques années d'exil, ils revinrent en France se constituer prisonniers.

Ils furent acquittés à Orléans, après avoir
été défendus par M. Janvier.

Rentrés dans leur cher pays, ils atten-

dirent, mais en vain, jusqu'à leur mort, et
dans la paix du foyer domestique, l'occasion de verser leur sang pour la vieille
devise vendéenne :

Pro Deo, Rege et Patria.

FAMILLE
D'ARMAILLÉ

La famille de la Forest d'Armaillé, originaire du diocèse de Vannes, et connue en Bretagne dès le XIe siècle, a versé son sang maintes fois pour la défense de la Religion, de l'Indépendance nationale et de la Monarchie, depuis la croisade de saint Louis jusqu'aux héroïques combats de la Vendée.

Pierre de la Forest fut tué à la bataille de la Massoure, à côté du sire de Châteaubriand.

Guillaume de la Forest, maréchal de l'armée bretonne et fidèle compagnon d'armes du comte de Richemond, périt, en soutenant le choc des Anglais, à la funeste journée d'Azincourt.

Un autre, officier au régiment de Turenne, tomba à Rocroy.

Enfin, Médard de la Forest trouva la mort à Savenay, pendant que ses trois fils aînés servaient dans l'armée de Condé.

La famille de la Forest d'Armaillé possédait et habitait, avant la Révolution, les terres de Craon, de la Douve et de la Menantière, situées en Anjou, les deux premières près de Segré, la seconde dans les Mauges, aux environs de Beaupréau.

A cette époque, cette famille se composait :

1º D'Ambroise-Pierre de la Forest, mar-

quis d'Armaillé, baron de Craon et de
Noizay, seigneur de Lésigny, chevalier de
l'ordre royal et militaire de Saint-Louis,
qui épousa Marie de Mornay-Montchevreul.
A son contrat signèrent le Roi Louis XV,
la Reine, le Dauphin, la Dauphine et
Mesdames de France [1].

2º De Françoise-Thérèse de la Forest
d'Armaillé, mariée à messire François de
la Corbière.

3º De Marie-Henriette de la Forest
d'Armaillé, épouse de messire Hardi-Guil-
laume de Villoutreys, seigneur du Bas-Plessis.

4º D'Auguste-Médard de la Forest, chevalier d'Armaillé, officier au régiment Royal-

---

[1] Il fut, en 1789, obligé de se réfugier à Paris,
où il vécut sous un déguisement pendant toute la
Révolution.

Marine et aide-de-camp du général marquis de Rougé [1].

Il avait épousé Mlle Étiennette Goureau

---

[1] Une autre branche de la famille d'Armaillé habitait Rennes. Le chef de cette famille, vénérable vieillard septuagénaire et ancien conseiller au Parlement de Bretagne, vivait loin des bruits populaires, entouré de sa femme et de ses deux filles. Un jour, il fut appelé devant la municipalité, où on lui donna lecture de la loi du 8 juillet 1792, ordonnant à tout homme résidant ou voyageant en France de porter la cocarde tricolore. Le vieux gentilhomme, dominant ses juges improvisés de toute la hauteur de son indépendance, répondit ces courageuses paroles : « Messieurs, ma vie est entre vos mains ; vous pouvez me l'enlever tout à l'heure par l'office du bourreau ; mais, je vous le répète, ce que vous appelez le signe de la liberté n'est pour moi que le signe de l'esclavage : je ne l'arborerai pas. » M. d'Armaillé fut condamné à la prison. Les juges n'osèrent faire exécuter la sentence. Mais lui, pour ne rien leur devoir, s'imposa, dans son hôtel, une prison volontaire qui dura jusqu'à sa mort, en 1803.

de la Blanchardière, dont il eut quatre
garçons et cinq filles : Auguste, Ambroise,
René, Joseph, Hyacinthe, Camille, Cécile,
Charlotte, et une autre dont le nom a été
oublié, et qui fut arrêtée avec sa bonne
dans une ferme de la Douve appelée la
Mabouillère.

Lors du soulèvement de la Vendée, cette
bonne avait caché une somme considérable
et l'argenterie appartenant à ses maîtres.

Un patriote du Bourg-d'Iré, nommé J...,
et dont la famille existe encore, employa
tous les moyens pour lui faire trahir son
secret, et, ne pouvant y parvenir, la dénonça au Comité de salut public, qui la fit
arrêter et enfermer à Angers, dans l'ancien
couvent du Calvaire, transformé en prison.

Là encore, on essaya en vain de lui
arracher quelques indications sur le trésor.

On lui enleva alors la petite d'Armaillé, âgée de trois ans, pour la confier au geôlier, chez qui elle mourut de faim et de chagrin.

La bonne fut exécutée peu de temps après ; les seules paroles qu'elle consentit à prononcer furent celles-ci :

« Lorsque mes maîtres reviendront, vous leur direz que le trésor est caché dans un endroit sur lequel on passe tous les jours. »

En 1792, Médard se trouvait avec sa famille à la Menantière, se consacrant à l'éducation de ses nombreux enfants.

Il ne fallut rien moins pour briser cette existence calme, que l'appel des Princes, auquel s'empressèrent de répondre les trois fils en âge de porter les armes : Auguste, Ambroise et René.

Leur père les conduisit jusqu'à Paris, où il les logea chez son frère aîné le marquis d'Armaillé, qui avait été obligé de quitter son château de Craon, où il avait failli être massacré par une vile populace[1].

Ils y restèrent peu de jours et allèrent s'engager au 1ᵉʳ régiment de Cavalerie-

[1] Un écrivain anonyme nous a transmis cet événement dans ses notes.

26 juillet 1789. — On fait à Craon la bénédiction du drapeau. Le marquis y assista.

30 juillet. — Pétition au marquis pour qu'il donne la place et un pré. Refus. La Ville s'assemble à quatre heures du soir et s'empare de ces objets.

6 août. — On envoie chercher le marquis pour assister à l'assemblée. On l'invective et lui déclare qu'on allait prendre son chartrier. On le renvoie escorté toujours d'officiers qui gardent le chartrier pendant son dîner, puis le fouillent et prennent ses titres féodaux.

8 août. — Le marquis est accablé d'in-

Noble, commandé par le duc de Berry,
pendant que leur père venait retrouver sa
femme à la Menantière.

Bientôt les événements devinrent de plus
en plus terribles.

L'infortuné Louis XVI était sacrifié aux
haines des Jacobins.

La persécution religieuse commençait.
Les prêtres étaient arrachés de leurs autels
et remplacés par des intrus pour lesquels
les populations éprouvaient la plus vive
répulsion.

L'appel des 300,000 hommes mit le

sultes. — Le 9, il assiste à un *Te Deum*.

4 octobre. — Un cordonnier fut emprunter des
pistolets, puis parla à M. d'Armaillé, lui porta le
pistolet sur l'estomac et le rata.

*(Récit des événements de Craon depuis
le 12 juillet 1789.)*

comble à l'exaspération des Vendéens, qui ne voulaient pas combattre sous le drapeau sanglant de la Révolution.

Le premier acte de résistance se produisit à deux lieues de la Menantière, à Saint-Florent.

Après la prise de Cholet par Cathelineau et Stofflet, Médard d'Armaillé se mit à la tête de ses paysans sous les ordres du marquis de Bonchamps.

Il prit part à tous les combats en qualité de chef de division.

Les pièces suivantes sont conservées par la famille et dans les Archives du Ministère de la guerre :

« Nous, Commandants de l'armée catholique et royale, avons accordé le présent passeport à Jean Brujère, prisonnier à Fontenay, pour se rendre à Bouroux en Périgord.

« Lequel a juré de ne jamais reprendre les armes contre la Religion catholique, apostolique et romaine, et d'être fidèle au Roy.

« A Fontenay, ce 2 mai 1793, l'an Ier du règne de Louis XVII.

« *Signé :* DE LA ROCHEJACQUELEIN, D'ARMAILLÉ, DE RICHETEAU. »

« 25 mars 1793.

« DE PAR LE ROY,

« Nous, Commandants de l'armée catholique, engageons et ordonnons aux habi-

tants des paroisses voisines de notre armée,
de fournir et rassembler le plus de vivres,
tant pain que viande et autres denrées, et
de les faire conduire aux lieux qui leur
seront indiqués, sous les peines qui seront
ordonnées.

« Fait au Quartier général de Saint-
Florent.

« DE BONCHAMP, D'ÉSIGNY,
DE MENEUST, PIRON, D'ARMAILLÉ. »

« Nous, Commandants des armées catho-
liques et royales, n'ayant pris les armes
que pour soutenir la Religion de nos pères
et pour rendre à notre auguste et légitime
Souverain Louis XVII l'éclat et la soli-

dité de son trône et de sa couronne,
n'ayant d'autre but que d'opérer le bien
général ;

« Proclamons hautement que si, contre
nos bonnes et loyales intentions, MM. les
clubistes et tous autres perturbateurs du
repos public venaient à reprendre les armes
contre la plus sainte et la plus juste des
causes, nous reviendrions les punir avec la
plus grande sévérité.

« La manière dont nous nous sommes
comportés, à l'égard de tous les habitants
de cette ville, devant leur prouver que
tous nos efforts et tous nos vœux sont pour
la paix et la concorde, nous déclarons en
conséquence prendre sous notre protection
spéciale tous les braves et honnêtes gens,
amis du bien public, promettant que, si
nos intentions étaient trompées à cet égard,

nous cesserions toute clémence envers les rebelles.

« A Parthenay, le 11 may 1793.

« *Signé* : La Rochejacquelein, d'Elbée, Cathelineau, La Bouère, Desessarts, de Beauvolliers, d'Armaillé, Langlais, Cailleau. »

———

Après le désastre de Cholet, il suivit l'armée, qui se dirigeait vers la Loire.

En passant près de la Menantière, il envoya chercher sa femme et ses enfants, sachant que les Bleus massacraient tout le monde sur leur passage.

Le petit Joseph fut envoyé à Angers, au collége de la Rossignolerie, aujourd'hui le lycée. Il y resta jusqu'au moment où les

Frères, qui dirigeaient cet établissement, furent arrêtés et leurs élèves jetés dans la rue.

Le pauvre enfant errait, mendiant son pain, sans souliers et presque nu, lorsqu'il fut rencontré par la marquise d'Hauteville, sa tante, qui l'emmena au Mans et prit soin de lui.

Sa mère et ses sœurs quittèrent la Menantière à la hâte, montées deux par deux sur des chevaux.

Un autre cheval portait des provisions.

Elles allèrent coucher à Saint-Pierre-Montlimart, chez Mlles Guichet, qui racontèrent plus tard que, dans leur inexpérience enfantine, Mlles d'Armaillé se faisaient presque une fête de la nouvelle vie qu'elles allaient mener.

Cependant, une seule d'entre elles, la

petite Charlotte, devait revoir ces lieux qui les avaient vues naître.

On conseilla à Mme d'Armaillé d'aller se cacher à la Douve, qui se trouvait dans un pays moins agité, mais elle ne voulut jamais consentir à quitter son mari.

Le lendemain, elles se remirent toutes en route à la suite de l'armée, en compagnie des familles d'Avesne et Veillon de la Garoullaie, avec qui elles étaient liées par une vieille amitié.

Le petit Veillon, âgé de cinq ou six ans, était en croupe derrière une des jeunes d'Armaillé.

Ils arrivèrent ainsi à Saint-Florent, où l'armée se préparait à passer la Loire.

Dans la ville et sur le bord du fleuve, se pressait une mêlée sans nom de blessés, de vieillards, de femmes, d'enfants, au milieu des troupeaux abandonnés et des canons sans attelages.

On eût dit une de ces grandes émigrations des temps anciens fuyant devant les hordes barbares d'Attila.

Cent mille fugitifs attendaient leur tour pour s'embarquer dans les quelques bateaux servant au passage.

En arrière, on apercevait un immense rideau de flammes qui, se rapprochant de plus en plus, signalait l'arrivée de l'armée républicaine.

Lescure et Bonchamp, ces héros de la grande épopée vendéenne, étendus sur leurs brancards ensanglantés, et près de paraître devant leur Juge, n'avaient, comme lui, pour leurs bourreaux, que des paroles de pardon.

Eux seuls, cependant, eussent été capables de ranimer le courage des soldats, de les faire retourner au combat, et, comme des lions blessés, vaincre dans un suprême effort ou s'ensevelir dans une glorieuse défaite.

On était au mois d'octobre : la Loire, grossie par les pluies, roulait bruyamment ses eaux bourbeuses ; un vent glacial frissonnait dans le feuillage jauni des saules ; le ciel avait une teinte d'acier sinistre et menaçante ; la nature elle-même semblait avoir préparé le cadre pour cette scène de désolation.

Au milieu de la foule, Mlle d'Armaillé et le jeune Veillon furent séparés de leurs familles. On eut mille peines à les retrouver.

Enfin, ils purent tous s'embarquer.

Les chevaux suivaient à la nage, attachés au bateau avec la corde d'un cerf-volant, dont le petit Veillon n'avait pas voulu se séparer.

Malheureusement, le cheval qui portait les provisions et les bagages se noya.

Ils allèrent loger dans une maison sur la place de Varades. M. d'Armaillé vint prendre avec eux le repas du soir. Ils s'entretinrent longuement des événements, et, au moment de son départ, il ouvrit une fenêtre et vit toute la rive gauche en feu.

Il appela alors tous les siens en leur disant, les larmes aux yeux, de venir voir brûler la Menantière [1].

---

[1] Le feu fut mis plusieurs fois au château de la Menantière, mais chaque fois il fut éteint par les paysans.

Le mobilier fut seul détruit ou volé.

Le lendemain, ils se mirent en route et allèrent se reposer à la Douve, où ils laissèrent leur plus jeune fille.

Les familles Veillon et d'Avesnes y restèrent.

M. et Mme d'Armaillé suivirent l'armée, avec leurs filles, pendant toute la campagne d'outre-Loire.

Après la déroute du Mans, elles arrivèrent à Château-Gontier, épuisées par la fatigue et la dyssenterie.

Manquant de vêtements, elles furent réduites à s'envelopper dans un rideau jaune arraché à une fenêtre du théâtre de cette ville.

Mme de la Rochejacquelein dit, dans ses Mémoires, qu'elle les rencontra quelque temps après, montées dans une charrette et enveloppées dans cette draperie.

Elles furent arrêtées entre Château-Gontier et la Loire, à Renazé, croit-on.

En même temps qu'elles, fut fait prisonnier Marquet-Sejeon, brave et dévoué-serviteur, qui ne les avait jamais quittées.

Il est probable qu'il fut massacré; depuis cette époque, toutes les démarches faites pour le retrouver ont été inutiles.

Ces dames durent sans doute s'échapper, car, quelques jours après, M. Martin de la Pommeraie les rencontra à Ancenis.

Elles étaient cachées dans cette ville dans la maison du sieur Symphorien-Fidèle Béraud, commis au district d'Angers. Elles y furent reçues par la fille Verdon, qui plus tard servit, ainsi qu'une femme nommée Geneviève Gauvin, à reconnaître Charlotte.

C'est là que Mme d'Armaillé entendit un crieur publier un arrêté qui interdisait, sous-peine de mort, d'accorder l'hospitalité aux brigands.

Craignant de compromettre ceux qui la cachaient, elle sortit de la maison pour aller se déclarer au district.

Le brave Martin de la Pommeraie, aide-de-camp de Stofflet, la rencontra et lui demanda où elle allait[1].

« Je vais, dit-elle, me dénoncer, afin de ne pas compromettre les personnes qui m'ont donné asile, et nous n'avons plus la force de mener une existence aussi épouvantable. »

Il fit tous ses efforts pour l'en dissuader, mais Mme d'Armaillé persista dans sa réso-

[1] Récit de M. Martin.

lution. Quelques instants après, elle et ses filles furent arrêtées, conduites à Nantes et enfermées au Bouffay.

Pendant plusieurs semaines, elles restèrent dans cet enfer, qui reçut tant de victimes et vit couler tant de larmes.

Il ne faut rien moins que les preuves historiques fournies par le procès de Carrier pour nous faire admettre que des hommes ont pu commettre autant de crimes.

Le récit suivant, que Thomas, chirurgien républicain, fit de sa visite au Bouffay et à l'Entrepôt, donne une idée des horreurs qui s'y sont passées :

« Je trouvai, en entrant dans cette affreuse boucherie, une grande quantité de cadavres épars çà et là ; je vis des enfants palpitants ou noyés dans des tas d'excréments humains.

« Mon âme était brisée.

« Je traverse des salles immenses, mon aspect fait frémir les femmes ! Elles ne voyaient d'autres hommes que leurs bourreaux !

« Plus j'avance sur ce théâtre de sang, plus la scène devient affreuse ; huit cents femmes et autant d'enfants avaient été déposés dans les maisons de l'Éperonnière et de la Marillière ; cependant, il n'y avait dans ces prisons ni lits, ni paille, ni baquets.

« Le médecin Rollin et moi, nous avons vu périr de faim cinq enfants en moins de quatre minutes ! Ces malheureux ne recevaient pas d'aliments [1]. »

----

[1] *Procès de Carrier.*

6.

« Deux mille personnes au moins pé-
rirent dans ces tombeaux, où elles étaient
ensevelies vivantes [1]. »

C'est au milieu de ces cannibales que
Mme d'Armaillé et ses quatre filles passèrent un long mois de souffrances morales
et physiques telles, que la mort leur semblait la délivrance.

Ce moment tant désiré arriva enfin pour
Mme d'Armaillé et ses filles.

Vers huit heures du soir, au mois de
janvier 1794, elles furent appelées et em-
menées avec de nombreuses victimes.

Sur la place du Bouffay, les sicaires de
Carrier, la Compagnie de Marat, les Éclai-
reurs de la Montagne, faisaient la haie

---

[1] Déposition de Fontaine (*Procès de Carrier*).

depuis la porte jusqu'au bateau. La populace poussait des hurlements de bêtes
féroces en brandissant des torches.

Mlles Hyacinthe, Camille et Cécile, mar-
chaient devant leur mère, qui les suivait
donnant la main à la petite Charlotte.
Elles arrivèrent ainsi, dignes et recueil-
lies, à la passerelle qui reliait le bateau
à la rive.

Au moment où Mme d'Armaillé mettait le
pied sur le pont, la petite Charlotte lui fut
arrachée par une femme du peuple nommée Bosselot, qui la cacha sous son
tablier.

La pauvre mère n'eut que le temps
d'envoyer un long regard de reconnaissance à cette brave et digne femme, et de
glisser dans la poche de sa fille un porte-
feuille contenant des papiers et son por-

trait. Elle ne put même presser une dernière fois son enfant sur son cœur !...

Presque au même instant, a raconté un témoin oculaire, l'officier commandant l'éscorte, séduit et attendri par la beauté remarquable de Mlle Hyacinthe, lui offrit de la sauver, si elle voulait l'épouser.

Elle mettait à ce moment le pied sur le pont du bateau. Se retournant alors, elle lui dit :

« Pouvez-vous sauver ma mère et mes sœurs ?

— Cela m'est impossible, répond l'officier.

— En ce cas, je veux mourir aussi ! »

Et elle se jeta dans les bras de sa mère.

Quelques minutes après, le bateau à soupape s'éloignait de la rive, et le lendemain matin, sur une grève près de Rezé, l'on trouvait quatre cadavres étroitement entrelacés dans une suprême étreinte.

C'étaient Mme d'Armaillé et ses trois filles !...

L'excellente femme Bosselot avait emmené la petite Charlotte, qui était en haillons, couverte de vermine et atteinte de la gale. Le bonnet de coton dont elle était coiffée l'avait fait prendre pour un garçon.

Déjà, la veille, la mère Bosselot avait amené à son mari une petite fille [1], qu'il n'avait acceptée qu'à contre-cœur, ne voulant qu'un garçon. Aussi, voyant une seconde fille recueillie par sa femme, il

---

[1] Cette enfant ne retrouva jamais sa famille et épousa un menuisier du Pouliguen.

refusa de la recevoir ; mais sa digne épouse lui dit :

« Je l'ai arrachée à la mort, je ne l'y reporterai pas [1]. »

Pendant cette discussion, interrogée sur sa famille, la pauvre enfant avait répondu :

« Je suis la petite Charlotte d'Armaillé, de la Menantière. »

A ce nom, toute hésitation cessa ; il fut décidé qu'elle serait l'enfant de la maison.

On la soigna, on la nettoya, et, lorsque les forces lui furent un peu revenues, ses sauveurs l'envoyèrent chaque jour mendier, car ils se trouvaient dans la plus grande misère.

Souvent elle resta des heures entières

---

[1] Récits de Mme Bosselot et de Mme de Gastines.

sous la pluie, dans la neige, les pieds nus, à la porte des boulangers, pour obtenir quelques morceaux de pain.

Elle passa dix-huit mois dans cette triste position, c'est-à-dire jusqu'à la fin de la grande Terreur.

Lorsque le calme fut un peu rétabli, les Bosselot[1] écrivirent à M. Brouillé, notaire de la famille, à Montrevault, lui disant seulement de venir pour affaire importante.

[1] « J'ai vu chez Mme de Gastines et dans la famille d'Armaillé la généreuse dame Bosselot. Chaque année elle venait y passer plusieurs mois, entourée d'affection et de soins ; tous l'appelaient *maman ;* la première place, à droite du maître de maison, lui était réservée. Elle fut pleurée comme une seconde mère, après en avoir eu toute la tendresse et les droits. »

Cte DE QUATREBARBES *(Paroisse vendéenne).*

Il s'empressa d'accourir, et, en apercevant la pauvre orpheline, il la reconnut immédiatement.

Ce notaire fit savoir de suite à Paris, au marquis d'Armaillé, le seul représentant de sa famille alors en France, qu'une fille de Mme d'Armaillé avait été sauvée des noyades. M. d'Armaillé lui répondit immédiatement de la lui amener.

Il la reçut chez lui ; mais, hélas ! la pauvre enfant n'y trouva pas les tendres soins et l'affection dont elle avait si grand besoin.

C'est là qu'elle apprit la triste fin de son père, massacré après le désastreux combat de Savenay [1].

---

[1] Un humble monument fut élevé, sous la Restauration, aux victimes de cette grande

Le matin de la bataille, le malheureux était à bout de forces.

Depuis neuf mois, il n'avait pas quitté un seul jour l'armée, quoique son âge et sa corpulence lui rendissent les marches très pénibles.

Le soir, il luttait encore avec les derniers survivants ; mais, lorsqu'il fallut fuir, les forces lui manquèrent.

Malgré les encouragements du brave

catastrophe. On y lisait cette inscription :

DEO. REGI. VITA. MORTE.
FIDELES
ARMORICA. VENDEA.

Une plaque de bronze, sur laquelle avaient été gravés les noms des personnes qui avaient eu la pieuse pensée d'élever cette *pierre de souvenir,* avait été enfermée dans le monument. Mais, depuis 1830, la pierre n'existe plus. La liberté du respect ne fait pas partie des conquêtes de 89 !

Martin de la Pommeraie, il ne put le
suivre.

Il se cacha alors sous un petit hangar
dépendant d'un moulin.

Bientôt les Bleus arrivèrent, poursuivant
les Vendéens ; ils allaient passer sans le
voir, lorsqu'une poule, dont ils voulurent
s'emparer, alla se réfugier près de lui.

Découvert, il fut traîné dehors et massacré à coups de sabres et de baïonnettes.

De loin, M. Martin assista à ce terrible
drame, et c'est sur son témoignage que
l'on établit l'acte de décès de M. d'Armaillé
après la pacification.

M. Martin de la Pommeraie avait fait
partie de la garde constitutionnelle du

Roi et s'était dévoué pour lui lors du 10 août.

Lorsque la guerre de Vendée éclata, il fut des premiers à prendre les armes.

D'une taille élevée, d'une bravoure extraordinaire, il avait une grande influence sur ses soldats.

Vieil ami de la famille d'Armaillé, il aimait à raconter les terribles événements auxquels il avait pris une si large part.

A la Restauration, il fut annobli sous le nom de Martin de Bodinière, fait chevalier de l'ordre de Saint-Louis et retraité avec le rang de colonel.

Ses actions d'éclat sont restées légendaires; et, en les entendant retracer, il semble que l'on évoque le souvenir des héros d'Homère.

Ce vénérable soldat est mort à un âge

très avancé. Il avait conservé toute son intelligence et toute son énergie, malgré les nombreuses blessures dont il était couvert.

Aimé et apprécié des chefs de l'armée, il était toujours choisi pour les missions périlleuses et délicates.

Une fois entre autres, il fut chargé par le Conseil supérieur de faire entendre raison à la paroisse de la Tessouale qui, mécontente, s'était révoltée.

Un soir, il quitta l'armée ; et, le lendemain matin, à la pointe du jour, il était aux avant-postes de la Tessouale.

Suivant son habitude, son chapeau était orné de plumets et son cheval couvert d'écharpes et d'insignes tricolores, trophées arrachés à des Bleus.

Les Vendéens, en l'apercevant, crurent

avoir affaire à un Républicain, et ouvrirent sur lui un feu terrible.

Malgré les balles qui pleuvaient autour de lui, il s'arrêta un instant, puis, mettant son cheval au galop et levant son chapeau, il leur cria, avec le plus grand sang-froid et l'emphase qui lui était habituelle :

« Enfants que vous êtes, vous ne reconnaissez donc pas Martin de la Pommeraie ? »

Les Vendéens, enthousiasmés de tant de bravoure, ne restèrent pas sourds à ses conseils et rentrèrent dans le devoir.

Un autre jour, montant un cheval vicieux appartenant au général de Bonchamps, il fut cerné par des cavaliers Bleus. Un combat terrible s'engagea immédiatement.

Blessé, renversé par terre, son énergie ne l'abandonna pas.

Luttant à coups de sabre contre ses nombreux ennemis, il leur faisait toujours face en s'efforçant de gagner une haie, derrière laquelle il espérait se mettre en sûreté, et, tout en se défendant, il criait à ses adversaires :

« Non, jamais vous ne tuerez Martin de la Pommeraie par un si beau soleil ! »

Et en effet, racontait-il plus tard, se glissant à travers la haie, il put s'échapper, après avoir reçu dix-sept coups de sabre.

A la retraite du Mans, il était à l'arrière-garde, combattant dans les sapinières, à la tête de quelques braves.

L'un d'eux tomba grièvement blessé, et la douleur lui arrachait des cris.

« Mais tais-toi donc, lui dit M. Martin, les Bleus vont dire que les Vendéens ne savent pas mourir. »

Et le pauvre soldat n'osa plus se plaindre !

A l'attaque des ponts de Cé, il fut blessé
grièvement.

En se retirant du champ de bataille, il
rencontra le général de Bonchamps, qui
lui dit :

« Où vas-tu ainsi, retourne au combat !

— Pardon, mon général, répondit Martin,
j'ai une balle dans le corps, je vais la faire
ôter et je reviens de suite. »

Il revint en effet quelques instants après,
n'ayant fait placer qu'un premier appareil
sur sa blessure.

En apprenant la mort de son père, la

pauvre Charlotte se crut seule au monde.

Elle n'avait reçu aucune nouvelle de ses frères et les supposait morts depuis long-temps.

Son oncle le marquis d'Armaillé la mit, d'après les conseils de son tuteur M. le marquis d'Autichamp, en pension chez une dame Deffaut, rue Plumet, à Paris.

Cette femme, d'un esprit élevé et d'une grande distinction, avait été obligée, par suite de malheurs de famille, de se créer des moyens d'existence. Elle la regarda comme sa propre fille et la conserva près d'elle jusqu'à l'âge de dix-huit ans.

A cette époque, le baron de Craon la reprit chez lui.

Six mois après, ses trois frères, rentrant d'émigration et croyant toute leur famille disparue, apprirent avec une joie inexpri-

mable, de la bouche de Mme d'Hauteville,
qu'une de leurs sœurs avait été sauvée et
habitait Paris.

Ils coururent immédiatement la voir, entrèrent avec leurs costumes étrangers, sans
se faire annoncer, dans le salon où elle
se trouvait, et se précipitèrent dans ses
bras.

En les reconnaissant, elle tomba éva-
nouie.

Quelque temps après, ses frères l'emmenèrent à la Menantière, qu'ils trouvèrent
dévastée et abandonnée.

Les Bleus avaient tout pillé, et massacré
vingt-trois malheureux fermiers dans l'aire
de la métairie du château. Détail horrible :
ils se renvoyaient un petit enfant au berceau et le recevaient sur la pointe de leurs
baïonnettes.

A la Simionnière, ferme dépendant de la
Menantière, ils coupèrent les fermiers en
morceaux ; et lorsque, le soir, un pauvre
enfant qui s'était enfui à l'arrivée des
Bleus, rentra chez lui, il ne put même
reconnaître les cadavres mutilés de ses
parents.

Leur jeune frère Joseph revint du Mans
partager leur triste existence ; il avait alors
vingt ans.

Un an après, il épousa Mlle Alexandrine
de Robethon, et tous deux habitèrent la
Menantière jusqu'à leur mort.

Leur longue vie se passa à faire le bien
autour d'eux et à secourir toutes les infor-
tunes.

Qui peut oublier la figure vénérable,
empreinte de tant de noblesse et de bonté,
de ce beau vieillard enlevé à sa famille,

à tous les siens, il y a quelques années seulement?

Il laissera un souvenir ineffaçable dans ce pays, où il était tant aimé et auquel il avait consacré presque toute son existence.

Frappé au déclin de sa vie dans ses plus chères affections, il trouva dans la Religion la force de supporter avec résignation la perte de la douce compagne de sa vie, de son petit-fils tant aimé, le marquis Anatole de Turpin de Crissé, et enfin de son fils, héritier de toutes ses vertus, et qui, continuant les traditions de sa famille, suppléait son noble père dans la tâché si douce de faire des heureux.

En 1807, Mlle Charlotte d'Armaillé épousa M. de Gastines, dans l'église de Saint-Pierre-Montlimart.

Après une vie toute de dévouement et d'abnégation, elle mourut en 1849, entourée de ses enfants et petits-enfants, et emportant avec elle les regrets dus à toutes ses vertus.

Sa bonté était proverbiale, et chez elle les qualités du cœur s'alliaient à celles de l'esprit.

Jusqu'à ses derniers jours, elle conserva cette beauté, reflet de celle de son âme, dont la sérénité n'avait pu être altérée par tant de malheurs.

Après son mariage, elle habita Angers et la terre de la Ferronière. Son départ de la Menantière fut le premier coup porté à cette vie intime de famille, qu'elle avait su, avec sa belle-sœur, rendre si douce et si attrayante.

Ses frères se dispersèrent : Auguste et

Ambroise [1] habitèrent la Douve et Angers jusqu'à leur mariage.

Auguste épousa Mlle Boulay du Martray, et Ambroise Mlle Mélanie de la Paumélière. Ce dernier fut nommé en 1816 major de la place de Paris, mais il n'accepta pas ce poste [2].

Leurs existences s'écoulèrent, comme celle de leur jeune frère, au milieu de

---

[1] Faits chevaliers de l'Ordre royal et militaire de Saint-Louis au retour des Bourbons.

[2] États de service de MM. d'Armaillé à l'armée de Condé :

« Engagés au 1er régiment de Cavalerie-Noble commandé par le duc de Berry. Font les campagnes de 1795, 96, 97, 98, 1800.

« Dix ans, un mois et vingt jours de service, du 12 décembre 1791 au 2 février 1801, y compris neuf campagnes. »

Au licenciement de l'armée des Princes, René alla servir en Russie et Ambroise en Portugal.

leurs familles, pour lesquelles ils furent des modèles d'honneur et de loyauté.

René épousa Mlle Caroline de Fontenay. En 1814, il fut nommé sous-lieutenant des mousquetaires gris, avec le rang de colonel.

Il suivit le Roi à Gand; et à la rentrée des Bourbons, en 1815, on lui donna le commandement de la légion de l'Eure, devenue 14e de ligne.

A la tête de ce beau régiment, il fit la campagne d'Espagne de 1823 et assista au siége de Pampelune, où il fut remarqué pour sa froide bravoure et son énergie.

A la Révolution de 1830, le colonel d'Armaillé voulut briser son épée, mais son régiment fit auprès de lui de telles instances, qu'il consentit à rester à sa tête.

Avec lui il prit part à l'expédition d'Alger

et le premier eut l'honneur d'arroser de son sang le sol africain.

Le premier encore, il franchit l'Atlas.

Au combat de Teniah, il roula au fond d'un ravin ; ses blessures l'empêchèrent d'assister à la fin de l'action.

Ses officiers lui apportèrent un drapeau pris à l'ennemi, en lui faisant promettre de le garder en souvenir du régiment.

Ce trophée est conservé précieusement par la famille.

Nous n'avons malheureusement de lui qu'un ordre du jour, qu'il adressa à son régiment au moment d'attaquer une position formidable dans l'Atlas :

« Soldats,

« Nous avons l'honneur d'être choisis pour marcher les premiers à l'ennemi.

Je compte sur votre courage éprouvé pour
que le régiment se rende digne de sa
glorieuse mission.

« Vous êtes jeunes, je suis vieux. Mar-
chez donc doucement, afin que votre
colonel puisse arriver le premier. C'est le
droit de mon grade, l'honneur de mon nom,
la gloire de ma vieillesse. »

Quarante ans se sont passés depuis le
jour où il quitta ses enfants, ainsi qu'il se
plaisait à appeler ses soldats : quarante ans
de désastres, de vicissitudes de toutes
sortes ; malgré tout, le nom du colonel
d'Armaillé est resté légendaire au 14e.

Nommé maréchal-de-camp en 1831, il
quitta immédiatement le service.

Retiré au château de la Morosière, il fut
la providence de la contrée.

Son esprit élevé et conciliant l'avait fait le juge de paix naturel du pays, et ses sentences furent toujours respectées.

Personne ne frappait en vain à sa porte, car sa plus grande jouissance était de répandre le bien autour de lui.

Sa maison était toujours pleine de solliciteurs, et un jour il dit à son neveu Henry d'Armaillé :

« Oui, mon ami, beaucoup m'ont demandé ; il m'a été impossible d'accorder tout ce qu'on réclamait de moi ; mais, à l'heure de ma mort, je pourrai me dire que je n'ai jamais refusé personne. »

Pendant l'émigration, il avait servi dans l'armée de Condé, sous les ordres du duc de Berry, qui s'était épris pour lui d'une vive amitié et l'avait, en 1814, nommé sous-lieutenant aux mousquetaires.

8

Un jour, à la parade des Tuileries, le Prince portait un sabre qui lui avait été offert par ses anciens soldats de la Cavalerie-Noble, et sur la lame duquel son nom était gravé.

Ayant aperçu son ancien compagnon d'armes, il voulut, devant toute l'assemblée, lui donner une preuve de son affection.

Détachant son sabre, il l'offrit à René d'Armaillé, lui demandant le sien en échange.

Le général d'Armaillé aimait à avoir cette arme sous ses yeux, et, avant de mourir, il l'a léguée à son neveu Henri.

Les dernières années de sa vie furent cruellement éprouvées.

Il vit disparaître tour à tour sa femme et ses trois enfants. Mais son âme, fortement trempée, ne se laissa pas abattre par le malheur.

Puis, lorsque l'heure fut venue, il regarda en face cette mort qu'il avait si souvent bravée sur les champs de bataille, et il rendit sa belle âme à Dieu en soldat et en Vendéen.

PIÈCES DIVERSES

Augustin d'Armaillé et Étiennette Gourreau habitaient la Menantière, quand l'insurrection de la Vendée éclata.

Ils y restèrent paisibles, sans prendre de parti, jusqu'au moment où l'armée de Mayence et autres troupes républicaines, après avoir battu l'armée vendéenne, la força de passer la Loire à Montglone.

L'incendie, le meurtre et le carnage accompagnèrent la victoire républicaine et répandirent l'alarme dans le pays.

Les habitants ne virent de salut que dans la fuite.

Le dit d'Armaillé, sa femme et leurs cinq filles suivirent le torrent, abandonnèrent leurs terres, et se mirent à la suite des restes de l'armée.

8.

Les dits La Forest, en passant au Bourg-d'Iré,
où ils avaient la Douve, y laissèrent la plus jeune
de leurs filles, âgée de trois ans et demi, morte en
détention au Calvaire, à Angers, le 10 pluviôse
an II.

Après la déroute du Mans, ils se rendirent à
Ancenis avec leurs quatre autres filles ; mais, à
l'approche de l'armée républicaine, le dit La Forest
suivit les débris de l'armée vendéenne qui se porta
vers Savenay, où il fut pris et fusillé dans la forêt
du Gâvre.

La dite Gourreau, sa femme, resta à Ancenis
avec ses quatre filles, dans la maison du citoyen
Bérault ; se confiant en l'amnistie qui fut alors
promise, elle se constitua elle-même prisonnière
avec ses quatre filles ; mais, peu de jours après,
elles furent, ainsi qu'une infinité d'autres, trans-
portées à Nantes par ordre de Carrier, et de là
conduites au fatal bateau à soupape, submergées
et noyées, à l'exception de Marie-Charlotte-Claudine La Forest, âgée de sept ans, qui fut sauvée
par une citoyenne Boisseleau, marchande fripière
à Nantes.

Quant à Joseph La Forest, il a eu le bonheur de
se trouver pensionnaire chez les Frères de l'école

de la Rossignolerie, où il est toujours resté depuis le commencement de l'insurrection de la Vendée jusqu'au mois de prairial de l'an III, qu'il s'est retiré chez l'une de ses parentes.

[Pétition aux Administrateurs du département de Maine-et-Loire pour obtenir la levée du séquestre sur les biens.]

Notes en marge de la pétition :

On a accordé, le 9 brumaire an V, une jouissance provisoire de la Douve.

Les titres, papiers et le mobilier de la Menantière ont été la proie des flammes. Le mobilier de la Douve a été vendu par le District.

———

Marie-Charlotte-Claudine d'Armaillé, arrachée à la mort par le courage de Catherine Villain, veuve de Claude Viennay, épouse de Pierre-Marc Boisselot, fripière à Nantes, rue du Marché, 16.

[Décision du juge de paix, 14 prairial an VIII.]

———

Le citoyen Béraud fils certifie que, lorsqu'après le siége d'Angers il retourna en son domicile d'Ancenis, il y apprit à son arrivée que le citoyen Augustin La Forest, sa femme et quatre filles, étaient restés dans sa maison plusieurs jours ; qu'à l'approche de Westermann, le père suivit l'armée et que la mère se constitua prisonnière.

(Arrêt du département de Maine-et-Loire, messidor an III.)

COUPLETS

Chantés a Madame la Duchesse de Berry,

A son passage a Vezins, en 1828,

Par l'auteur, M. le Général Comte Louis de Bourmont.

———

A son nom seul, désertant leurs demeures,
Nos vieux soldats, au comble de leurs vœux,
O Caroline ! ont bien compté les heures
Pour venir tous t'admirer en ces lieux.   *(bis.)*
C'est, disent-ils, d'Henry l'auguste mère,
Montrons-lui donc notre amour aujourd'hui.
N'as-tu pas vu, tracés sur leur bannière,
Ces noms chéris : Caroline et Henry ?
      Noms chéris,
    Caroline et Henry.

Tu viens charmer cette terre arrosée
Pendant longtemps et de sang et de pleurs,

Oui, sous tes pas, la fidèle Vendée
A tressailli d'amour et de bonheur. *(bis.)*
Déjà, pour nous, ce n'est plus l'espérance
D'un bonheur pur, c'est la réalité.
Chacun te voit, et ta douce présence
Devient le prix de la fidélité,
      Est le prix
   De la fidélité.

Fille des Rois, regarde à ton passage
Ces Vendéens que le sort accabla.
Si la fortune a trahi leur courage,
L'honneur jamais ne les abandonna. *(bis.)*
Comme autrefois au sein de la tempête,
Chacun ici veut signaler sa foi ;
Et si beaucoup manquent à cette fête,
C'est qu'ils sont morts pour Dieu et pour le Roi.
     .Ils sont morts
   Pour Dieu et pour le Roi.

Un vent léger règne encore au Bocage,
Et loin de nous pourtant l'orage a fui.
Nous espérons qu'aucun autre nuage,
N'obscurcira le beau ciel d'aujourd'hui. *(bis.)*

Mais si jamais une secte abhorrée
Brisait encore le sceptre de nos Rois,
Oh ! pense à nous, reviens dans la Vendée,
Amène Henry, nous défendrons les droits,
    Oui, d'Henry
   Nous défendrons les droits.

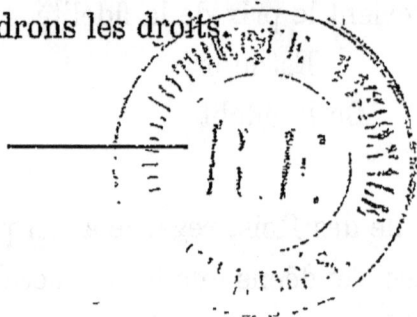

www.ingramcontent.com/pod-product-compliance
Lightning Source LLC
Chambersburg PA
CBHW070944100426
42738CB00010BA/2094